AF311414

A dieu,

du Roy de Pologne, au peuple François, & aux Dames de la Court.

PAR Iherosme le Ieune, Parisien.

A PARIS,

PAR Guillaume de Nyuerd, Imprimeur.

Auec priuilege du Roy.

Le peuple François, au Roy de Pologne.

SONNET.

HÉ', pourquoy (noble Roy) laisse tu ceste terre,
Que tu as si long temps au besoing defendue?
Veulx tu doncq détruitte & q̃ du tout perdue,
Elle languisse au fer d'vne aspidique guerre?

Veulx tu que l'ennemy qui de si pres la serre,
Qu'elle n'a maintenant comme rien d'étendue,
L'a tienne à son plaisir, Et qu'elle soit rendue
Es mains d'vn malheureux qui iour & nuiçt l'enserre?

Las, prend pitié de Moy: prend (Roy) compassion,
De moy, de mes malheurs, de mon afliction,
Et de France qui or' te regrette & te pleure:
Arréte ie te pri, ou si tu veulx partir?
Auant que d'auec moy hatinementsortir
Pour me reconsoler, encor' vn peu demeure.

Le Roy de Pologne,
au peuple François.

SONNET.

IE m'estonne béaucoup (peuple lequel ie prise)
Que tu veulx empécher ce mien fatal voyage,
Veu que Dieu me donant la Pologne en partage,
Veult que ie parachéue vne telle entreprise.

Cesse (peuple François) cesse telle deuise,
Ne me viens afronter d'vn doulceret languuage,
Puis qu'auant quarréter ce faict en mon courage,
Du tout puissant m'estoit telle chose promise.

Il m'en fault donc aller ou le sort me conuie,
Et puis que le destin arréte que ma vie
Preigne son traict ailleurs: l'adieu te presenter
Ie te veulx, ce pendant que mon frère ton Roy,
Redoutable & puissant, aura cure de toy,
Brauant l'ennemy fier qui te vouldroit dompter.

FY D'AVOIR,

SANS SCAVOIR.

Les Armoiries de HENRY DE VALOIS,
filz & frère de Roy de France,
à présent Roy de Pologne.

ADIEV,

DV ROY DE POLOGNE.

AV PEVPLE FRANÇOIS,
& aux Dames de la Court.

RES, le temps facheux
maiftre de toute chofe,
Courroucé, ne veult plus
q̃ de mon bon gré i'oze
Dauantage fucer le nectar
fauoureux,
Dõt ce mien beau païs fer
tille & amoureux

Doulcement m'alaitoit. Ores Lolympien,
Ce braue Iupiter qui tout à faict de rien,

A iij

A dieu du Roy

Qui d'vn petit clin d'œuil faict trembler terre &
  cieulx,
Et qui difpofe aufsi, puiffant, de noftre mieulx
Ainfi côme il luy plaift, changeant tout d'heure
  en heure,
Ne veult plus (mes amis) qu'auec vo' ie demeure.
Il me veult enmener, il me cherche & appélle,
Afin de me féurer de la chére mamelle
De France ma nourrice. Il me veult enléuer,
Mefme vers le dur temps d'vn glacieux hyuer,
Comme il fift Ænéas, lors que difcret & fage,
Au mandement diuin il partit de Carthage,
Laiffant pleine d'émoy, fa Didon amoureufe,
Pour f'expofer aux flots d'vne mer oultrageufe.
Ce Dieu dôcques qui faict d'vn éclat de tônerre,
Branler le hault des mons, & vaciller la terre,
Me tire d'auec vous, & veult qu'ores ie change,
Mon heureufe patrie en vne terre étrange:
Et qu'au lieu ǵ ie fuis l'vn des chefz des Frãçois,
Ie fois feul gouuerneur de tous les Polognois,
Tant que le hault deftin, qui à ce me conuie,
Me fera trainaffer cefte chétiue vie.
Ainfi, ie m'en iray ou le fatal me meine,
Ainfi, vous gouterez d'vn autre Capitaine
La mertume ou doulceur. Ainfi, braue a recoy,
Ie humeray l'honneur d'vn Polonique Roy,
M'acommodant aux mœurs d'vne gent étrãgére.
Et vous, pendant ce temps, defoubz le Roy mon
  frére,
Florirez vertueux auec l'honneur exquis,

Que

Que de tout temps auez fidellement aquis.
Or, ce qui plus agraue & le deuil & courroux,
Qui talloune cruel mon depart d'auec vous,
Est, que ie crain tresfort, qu'ne Bellone fiére,
Trahitresse, recouuant vn poison en derriére,
Vous aille espionnant, Et qu'en fin furieuse,
Ceste rage infernalle, infaitte & vicieuse,
De rechef vos maisons & villes ensanglante.
Ie crain fort qu'ne guerre & dure & violente,
Qui ia par des ans treize à tiranniquement
Brandi son coutelas dessus vous irément
Sans repos quel qu'il soit, decoche sa tempeste.
Et que d'vn ferré bras, elle brise la téste
A l'vn & l'autre camp des trouppes animées,
Encore qu'elles soient finement enfermées,
L'vne de gabions, & l'autre de rempars,
Que l'éau pour vn renfort borne de toutes pars.
Ie crain cedi-ie (amis) que la pleine Françoise,
Renouuellée estant d'vne ciuille noise,
Croulle desoubz le fex des soldats empillez,
D'vn canon fouldroieur l'vn sus l'autre acuillez,
Et que le sang épars roullant par les vallées,
Ne rougisse vos éaux & doultes & sallées.
Car i'en scay quelques vns, desquelz l'ire gardée
Couuerte ce pendant de quelque péau fardée,
Paroitre se fera, Autres déia s'auancent,
Et lassez d'vne paix, peu à peu recommancent
A vomir dessus vous le venin d'vne rage
Hotesse des long temps de leur maudit courage.
Tout ainsi ĝ l'yurongne, est contraint desgorger

A dieu du Roy

Le vin, dont glouttement il à voullu charger
Son débille eſtomach. Mais ie croy que ce Dieu,
Qui veult que ie m'abſente & cherche vn autre
   lieu,
Contre eulx vous gardera, & q̃ ce Roy humain,
Qui vous à de tout temps ſi bien tenu la main,
Et qui traçant ſa voie au tiers ciel, ſage & braue,
Le plus fier ennime à rendu ſon eſclaue,
Tellement guidera & vous & vos enfans,
Que reſtans encor' plus que iamais triumphans,
Victorieux, heureux, & en ſeurté viurez:
Si bien que voſtre Roy, gaillars vous bénirez,
Et ce mien ieune frére, en qui de toutte France,
Se peut veoir aiſément l'apui & l'eſpérance.
Ces deux donc, au beſoing vous ſeruiront de
   Péres
Ces deux, ſubiugueront la rage des Vipéres.
Ces deux, amortiront les effors des méchans
Ces deux, de ſaccageurs dépeupleront les cháps.
Ces deux, vous conduiſant comme vne grand
   lumiére,
La france remétront en liberte prémiére.
Et lors, les mons & vaulx, les pleines & praries,
Deſſécheront l'humeur des antiques turies
Que ſus leurs corps froiſſez de cheuaulx &
   d'allarmes,
L'impitoiable main des orguilleux gendarmes
A cõmis combatant, pour ſyurer d'vn hõneur,
Ou bien de quelque argent le butin du vani-
   queur.

Lors

Lors les Nymphes riront, & soubz les rameaux
    vers,
Gayes résonneront cent mille graues vers,
Sus le luth musical, ou sus la douce lire.
Lors les neuf gentes sœurs de ce mortel empire
Amoureuses par droit, auecques vous seront,
Et d'vne longue traitte à tousiours verseront
Sur vos chefz les doulceurs de leur fontaine
    belle.
Lors, vo' viurez heureux sãs discort ou querelle.
Lors les larges cantons de la France guérie
Mundez, ne seruiront de quelque écorcherie.
L'etranger furieux qui vous mange & saccage
Ne s'enrichira plus par vn ciuil carnage.
L'arquebuse sera au ratelier penduĕ,
Et pres du fort harnois la grand pique étendue.
Hé que vous sert aussi, d'estre vos meurdriers
    mesme,
Vous picorer l'vn l'autre, & d'vne face blesme
Calculer to' les iours dãs voftre esprit songeart
Le moyen de vous nuire & vo' mectre au hazat?
Ne vault il pas mieulx donc, veoir florir vne
    Astrée,
Ou est toutte faueur & doulceur rencontrée,
Vos femmes auec paix penser de leur ménage,
Vos enfans sains & saufs, encores en bas aage
Soigneux étudier colles dessus vn liure,
Pour la faffon aprendre à discrettement viure,
Vos troupéaux foisõner & s'engraisser à l'herbe,
Et voftre laboureur faisant batre la gerbe

Ou d'auoyne ou de bled, ou dedans la vuidâge
Entonnant le raport d'vne bonne vendange
Chànter, loing du danger des soldats rapineurs,
Que de veoir à vos yeux mille & mille malheurs,
Terrasser de brauade au conflit les plus fors,
Vne teste trancher, vn champ paué de mors,
Vn bras palle-mourant nouuellement laissé
De son corps, des cheuaulx a double bont froissé
Vos femmes violler, vostre bien en proye,
Vos enfans lamenter affamez par la voye,
Et tous vos métayers entiérement detruis?
Ie croy qu'ouy (François) aussi tant que ie puis
(Ains que de vous laisser) affectueusement
Ie vous pri' de quiter ce dur acharnement,
Qu'auez l'vn contre l'autre. hé, ne vous déuoyez
Du chemin de raison, mais plustost employez
Vostre bras belliqueux, sur le more ou Tartare,
Et répendez le sang du malheureux Barbare.
Que l'on ne die point, que le peuple Gaulois,
Qui à par l'vniuers borné ses sainctes loix,
Qui à planté vainqueur la peur en l'étranger
Le faisant & de Roy, de vie & meurs changer,
Qui à brisé la teste au plus fier édifice,
Qui du plus mutin cœur, s'est faict vn sacrifice,
Qui à foulle l'orgueil du plus braue asseuré,
Ores, en s'oubliant est si demesuré,
Qu'il fait inconstamment la guerre contre soy
Retenez donc mes dits, honorez vostre Roy,
Suiuez ces bons sentiers, & en toute asseurance
Portez luy de bon cœur entiére obéïssance.

Il est

Il est propice & doux à qui ses édits prise,
Et rigoureux à qui les corrompt & les brise,
Il vous préseruera des atrais du rebelle,
Il sçait comment il faut la force & la cautelle
Des méchans surmonter. Cil qui sans Loy &
    Foy,
Trahitre, se bandera contre vn si puissant Roy.
Sentira sa fureur. Car les princes Vallois,
Iamais ne souffriront en leurs regnes deux Loix.
Les Vallois, triumphans en France & en Polo-
    gne,
Sçauront bien repousser quelque ennemy qui
    grongne.
Iamais on ne dira les Vallois offencez,
Que l'on ne die aussi leurs haineurs renuersez:
Encor' que les Vallois ne chercherent iamais,
Qu'entre leur peuple éleu moyenner vne paix.
Bien l'ay-ie faict paroir nagueres au camp der-
    nier.
Mais, quand il est besoing de se montrer guer-
    rier,
Et d'vn bras endurci carguer en vne presse,
Lors, on peult distinguer le plain de herdiesse,
D'auec le récréant & couart, tout ainsi
Comme le Iardinier en vn Iardin farci
De maintes belles fleurs, congnoitre peut a l'aise
La bonne berbe, d'auec l'épineuse & mauuaise.
Voila comment tousiours on à veu nostre race,
En temps de choc ou paix, prendre éminente
    place

A dieu du Roy

En la chaire des Preux & des nobles Cefars,
Allumans aux combats le courage aux foldars,
Voyla dy-ie comment, i'ay curieux efté,
De rachepter (François) la voftre liberté,
Voire au pris de mon fang, le corps plain de
    fueur
Soubz le faix du harnois, que pour cela le cœur
Trouuoit pénible moing, que la mer écumante,
Fait à porter en dos vne barque flottante.
,, Car ce qui d'vn voulloir franc & libre fe
    meine,
,, N'eft iamais oultragé d'vne ennuyeufe peine.
Mais à ce coup, il fault qu'n à dieu ie vous die,
Il me fault or'auant mettre mon étudie
A gouuerner le peuple à moy, de Dieu donné,
Et que m'a le déftin conquis & ordonné.
Mes puiffans Polognois, qui plus vaillans que
    Mars
Portent du dieu Phœbus le carquois & les arcs,
Et les traits pénétrans, dont furent déconfis
D'Amphion Thebien les miferables filz.
Il faut il fault changer, de vent & de contrée
Encores que dé-ia mon ame foit oultrée
De deuil au departir, congnoiffant que ie laiffe
Mes Freres, mon Païs, la fleur de la Nobleffe,
Ma Mere, aufsi ma Sœur, qui du roy de Nauerre
Epouzé, eft le miroër des Dames de la terre.
Adieu donc (bons François) dont l'amour efti-
    mée
A iamais demourra dans mon ame imprimée.

A dieu

A dieu (nourrice France) a dieu , tes mains ie
  baise
Plus de cent mille foys, pour rester plus à l'aise.
Dieu te croisse en tous biens,te garde de famine,
Et tous tes ennemis à la fin extermine.
A dieu dames de pris, plaisantes & gaillardes.
A dieu le doux parler de voz langues mignar-
  des.
A dieu vostre maintien plaisant & d'efficace,
A dieu la grand'béaulté de vostre chere face,
Surpassant de tout point la fille d'vne Hylée,
Dont lé filz de Cipris auoit l'ame affolée.
A dieu le doux acueil de vostre honnesteté.
A dieu vostre grandeur & vostre chasteté.
A dieu voz yeux rians pleins, de cét mille attrais
Ou l'amour à caché les meilleurs de ses traits:
Yeux qui peuuent naurer d'vn clin dœuil amou-
  reux,
De tous les inmortelz les plus graues-heureux.
A dieu la loyauté en vous toutes assize,
A dieu vostre entretien, & la vertu requise
Dont, chacune de vous ceste France redore
Tellement, qu'a bon droit vos gestes on adore.
A dieu le ris sucré de vostre bouche belle,
Voz baiserets doulcets, vostre amitié fidelle,
Vostre perfection , Bref à ce que Nature
En vous toutes à mis pour seruir d'ornature,
Soit quand Phœbus se léue, ou le soir qu'il se
  couche,
Ie dy de cœur a dieu aussi bien que de bouche

Mais, ne vo' chagrignez, car iaçoit qu'é Pologne
I'aille busquer mó mieulx, &q̃ de vous m'élógne,
Mon cœur pourtãt cõstãt, quãd le corps sen ira,
Iamais (tant vous chérit) de vous ne partira,
Si qu'en Pologne estánt, le cœur fera debuoir
De vous faire sans fin mon zelle aperceuoir,
Qui tel est enuers vous, à esté, & sera,
Qu'en toutte place & lieu secours vous dónera.

F I N.

SONNET.

AV LECTEVR

Sur l'adieu du tref-vertueux Roy
de Pologne.

Emachant cest adieu (Lecteur discret & sage)
Du roy de Polonnois Prince tant gratieux,
Remets ie te supli' (Lecteur) denaut tes yeux,
Les héroïques faictz, d'vn si grand personnage.

Voy les gestes apres des hommes de tout aage,
Soit du fort hercules, effroy, mesme des cieux,
Soit du filz de Thetis, Achille audacieux,
Ou d'Hector le Troyen du camp des Grecs rauage.

Lors balançant le tout de mémoire récente,
Tu congnoitras qu'Hn E N R Y qui l'adieu te presente,
Surmonte tous ceux cy, en grandeur & prouesse.

Autant comme iadis le grand Saturnien,
Haussa le hautain ciel du fleuue Stygien,
Séparant le chaos d'vne grande vitesse.

FY D'AVOIR,
SANS SÇAVOIR.

EXTRAICT
du Priuilege.

LE ROY ha permis & permet à Guillaume de Nyuerd, imprimer & exposer en vente tous & chacun les liures, ou cayers, dont il recouurira, tant les coppies nouuelles (que par-cy deuant n'auroient esté imprimées) qu'autres qu'il fera reueoir, corriger, & emender, ou translater de quelque langue que-ce soit en Vulgaire François, & de quelque faculté qu'elles soient. Et faict ledict Sieur inhibitions & deffenses à tous autres de non imprimer, vendre, n'exposer en vête aucuns cayers, liures nouueaux & autres ainsi imprimez par ledict de Nyuerd, ny pocher, tailler, ou contrefaire aucune de ses histoires, ou autres fortes de caractaires, sur les peines contenuës és Lettres de priuilege sur-ce données.

Par le Roy en son Conseil,

ROBERTET.

ANIOV.
G   N